Je m'affirme

MICHÈLE LEMIEUX

**Données de catalogage avant publication
(Canada)**
Lemieux, Michèle, 1962-
    Je m'affirme
    ISBN 2-89089-603-X
    1. Assertivité - Entraînement. 2. Réalisation
de soi I. Titre
BF575.A85L45 1994   158'.2   C94-940451-3

Introduction

Nous avons le pouvoir de créer notre vie, il nous faut reconnaître cette vérité. Puisque notre parole est loi dans l'Univers, nous avons tout le loisir d'affirmer notre abondance à tous les niveaux de l'existence, notre bonheur dans tous les domaines de notre vie, notre santé tant physique, que mentale et spirituelle.

Pour matérialiser les désirs de notre cœur, l'affirmation demeure l'un des outils les plus puissants qui nous soient donnés. Le principe en est fort simple. En répétant chaque jour des affirmations positives, nous nous dirigeons de plus en plus vers ce vers quoi se portent nos pensées. Voilà pourquoi il s'avère essentiel de rester en contact, le plus souvent possible, avec les beautés de la Vie. Ainsi, nous pouvons créer des événements et des circonstances fabuleuses dans notre journée, notre année, notre vie.

Les affirmations qui suivent concernent tous les domaines de l'existence. Elles vous aideront grandement à retrouver le sentiment que vous êtes le maître de votre Vie, que vous avez tous les pouvoirs de la changer, de la modifier au gré de vos intentions. Rappelons-nous combien tout nous semblait possible lorsque nous étions enfants. En tant qu'adultes, nous avons souvent perdu contact avec ce sentiment de pouvoir réaliser nos désirs les plus chers. Il est de notre devoir de retrouver cette intarissable source de rêves de même que la foi pure et inflexible de cet enfant que nous avons jadis été.

Si vous avez des doutes, rappelez-vous cette merveilleuse vérité que proclamait Richard Bach, auteur du livre à succès « Jonathan Livingston le goéland » et de plusieurs autres ouvrages :

Nul désir ne nous est donné sans que nous ayons la possibilité de le réaliser.

Demeurez en contact avec ce que vous avez de plus beau, de plus valable. Débutez votre journée en affirmant ce que vous désirez voir se réaliser en ce jour. Si de sombres pensées vous venaient à l'esprit, chassez-les aussitôt en feuilletant ces pages. Vous demeurerez ainsi en contact avec votre plein potentiel et avec ce que vous êtes vraiment : un être extraordinaire.

En terminant, rappelons-nous que la reconnaissance permet de matérialiser encore plus de bienfaits dans nos vies. Soyons reconnaissants pour toutes ces belles choses que nous réalisons grâce au soutien de l'Univers. Il semblerait que, de tous les mots, celui qui engendrerait la plus grande capacité à nous faire évoluer dans l'existence serait « merci ». Alors merci, merci et encore merci ! À dire et à redire… inlassablement.

Bon succès !

Michèle Lemieux

1

Je consens à oublier le passé et à vivre chaque instant de ma vie comme un éternel recommencement.

2

L'amour et la paix remplissent mon esprit et mon corps, tout mon être est en harmonie.

3

Maintenant et toujours, je reconnais ma puissance et ma capacité à créer de belles et grandes choses.

4

Tout ce que je mange et tout ce que je bois contribue à ce que j'aie un corps sain, fort et en santé.

5

Je suis libre de toute peur. J'avance dans la vie avec confiance.

6

J'ai le goût de vivre, je suis rempli d'enthousiasme et d'énergie.

7

*Je suis la santé physique,
mentale et spirituelle parfaite.*

8

*Je vis des relations
satisfaisantes, harmonieuses et
sur lesquelles je peux m'appuyer.*

9

*Je suis abondance et prospérité
à tous les niveaux.*

10

J'accepte avec humilité le succès qui me revient de droit divin.

11

Je suis une personne aimante, compatissante, accueillante et sur laquelle on peut s'appuyer. Les autres sont ainsi à mon égard.

12

J'ose devenir ce que je suis réellement : un être extraordinaire.

13

*Chaque jour, je suis une
personne de plus en plus
chanceuse dans la vie.*

14

*J'attire à moi le partenaire
amoureux idéal. Je l'aime et il
m'aime profondément.*

15

*Ma vie familiale est
harmonieuse et gratifiante. Je
suis une personne comblée sur
le plan des relations.*

16

Je suis abondance dans tous les domaines de ma vie. J'expérimente la prospérité et la richesse.

17

Mon corps est parfait, tel que je le souhaite, et je l'aime.

18

Je suis, en toutes circonstances, un être magnétique et rayonnant. J'attire à moi des gens fabuleux.

19

Aujourd'hui, quoi qu'il arrive, je choisis d'être heureux.

20

Chaque jour, ma vie s'améliore. Je vais de mieux en mieux.

21

Tous ceux qui me touchent me transmettent leur amour et leur pouvoir de guérison.

22

Je m'approuve en tout, je suis tout-puissant, je m'aime.

23

Je suis un missionnaire de la paix et de l'harmonie en toutes circonstances. Je crée en permanence un environnement paisible, harmonieux, agréable et joyeux.

24

Je suis libre de toute peur. Je suis affranchi du doute, des craintes et des inquiétudes.

25

Je laisse mon guide intérieur orienter mes pas. Mes choix sont sages et judicieux.

26

Ce jour est l'un des plus beaux de ma vie. Tous les éléments contribuant à mon bonheur sont réunis. Tout est pour le mieux.

27

Dès à présent, je fais confiance au mécanisme de changement en moi. Je lâche prise et laisse agir la force de Vie.

28

Je me suis engagé à vivre dans le plaisir. Je consens à évoluer dans la facilité.

29

*Mon régime alimentaire de
même que mon mode de vie
sont sains et me permettent
d'expérimenter la santé
physique, mentale et spirituelle.*

30

*Je m'accepte entièrement.
Chaque jour, j'apprends à aimer
de plus en plus l'être que je suis.*

31

*Je suis libre d'exprimer ce que
je suis. Je me manifeste dans
toute ma beauté.*

32

Je suis en harmonie avec moi-même et avec toute la Création.

33

Je me sens constamment en confiance car je me sais soutenu par la Vie à chaque instant.

34

Chaque jour, à tous les points de vue, je m'améliore, me perfectionne et ainsi, me transforme en un être fantastique.

35

Mon corps est parfait, sans faille, sans faiblesse et ma santé parfaite se manifeste en permanence.

36

Je développe de belles relations d'amitié qui me permettent de vivre de fort beaux moments d'échange et de complicité.

37

Je me libère de toutes mes dettes, dans l'ordre divin. J'expérimente la liberté financière.

38

Je travaille à atteindre l'excellence et suis très efficace sur le plan professionnel. Je suis reconnu pour mes nombreux talents.

39

Je suis la santé, la vie et la vitalité sans cesse renouvellées.

40

Maintenant et toujours, je m'attends à ce que le plus grand bien se manifeste à chaque instant de ma vie.

41

La vie bénit et multiplie tout ce que je donne et tout ce que je reçois dans l'amour et la joie.

42

Je suis de plus en plus endurant, fort, résistant et vigoureux.

43

Je suis la bonne humeur incarnée. Je manifeste une grande joie de vivre à chaque instant de ma vie.

44

Je communique efficacement avec les gens qui m'entourent. Je me sens écouté, compris et reçu.

45

Je vis, avec mon partenaire de vie, une relation amoureuse satisfaisante sur tous les plans.

46

Je m'engage solennellement à m'aimer, à me soutenir, à prendre soin de moi à tout instant et en toutes circonstances.

47

Physiquement, je rajeunis, j'embellis, je m'épanouis de jour en jour.

48

Mes pensées et mes émotions sont saines. Je suis un être équilibré.

49

Mon énergie est plus grande et plus puissante de jour en jour. Je la dépense sagement.

50

Je suis compassion, amour et respect pour tous les êtres vivants de la planète.

51

J'ai confiance en moi, en mes capacités et en mes compétences.

52

Je dispense amour, enthousiasme et joie de vivre autour de moi.

53

Je suis un modèle d'intégrité à chaque instant de ma vie.

54

Je suis comblé sur le plan affectif. J'expérimente le plaisir de vivre des relations sur lesquelles l'on peut s'appuyer de part et d'autre.

55

Mes communications avec les gens sont claires, valorisantes, compréhensives et formidables en tous points.

56

De jour en jour, je deviens de plus en plus énergique. Je déborde d'une vitalité de plus en plus grande.

57

La vie m'apporte en abondance tout ce dont j'ai besoin. Ma richesse s'accroît de jour en jour.

58

Je suis au sein d'une relation de couple enrichissante basée sur le respect, l'amour, la générosité, le partage et la confiance.

59

Je suis entouré d'énergie positive en permanence. Rien de négatif ne peut m'atteindre.

60

Je suis libre de toute peur dans mes relations. Je me permets d'être moi-même, sans craindre le rejet ou l'abandon.

61

Je suis de plus en plus aimant envers les autres et moi-même. Je consens de plus en plus à me laisser aimer.

62

Sur le plan matériel, j'ai tout ce dont j'ai besoin, tout ce que je désire... et plus!

63

Je suis apprécié pour ma capacité à travailler à atteindre l'excellence. Je suis aimé et admiré pour la qualité de mon travail.

64

À chaque instant de la vie, je donne le meilleur de moi-même. J'en retire de grands bienfaits.

65

*La vie me remplit
d'enthousiasme et de joie de
vivre. Je suis un être débordant
d'énergie.*

66

*J'ai l'argent dont j'ai besoin
pour réaliser tous mes rêves.*

67

*J'ai beaucoup de travail,
divinement donné, je sers de
mon mieux et suis fort bien
payé.*

68

Je suis abondance dans tous les domaines de ma vie et je l'exprime.

69

Je suis merveilleusement protégé et guidé en toutes circonstances.

70

J'amorce chaque jour dans l'enthousiasme et la joie de vivre. Je suis heureux de prendre part à la Création.

71

Je suis un être de parole. Je respecte mes engagements et j'attire à moi des gens tout aussi fiables.

72

Je vis constamment pour atteindre l'excellence et ce, à tous les niveaux.

73

Je me pardonne et pardonne aux autres tous les manques d'amour. Je suis libre, ils sont libres.

74

Je suis de plus en plus aimant et respectueux. Ainsi, j'attire à moi des gens qui m'aiment et me respectent.

75

Je développe, avec tous les gens que j'aime, des relations saines, profondes, aimantes et respectueuses.

76

Je vis dans la joie à chaque instant de ma vie. J'inspire les gens autour de moi à vivre heureux.

77

Je suis en harmonie avec moi-même et avec les autres. Je génère harmonie et paix autour de moi.

78

Je suis action. J'ai la force et la persévérance nécessaires pour réaliser tous les désirs de mon cœur.

79

Je suis prospère et crée de plus en plus de richesses dans ma vie.

80

Chaque cellule de mon corps est regénérée. Je suis débordant d'énergie, de dynamisme, de jeunesse et de santé.

81

Je suis audacieux, génial, puissant et créateur. Ma vie est magique.

82

Je suis fier de ce que je suis. Je m'accepte totalement et je m'aime dans toutes mes facettes.

83

Chaque jour, je crée ma vie d'une manière enthousiaste. Rien ne m'est impossible.

84

Je suis de plus en plus efficace, compétent, et j'excelle dans mon travail.

85

Je pense des choses extraordinaires à mon sujet, conscient du fait que je deviens ce que je pense.

86

J'ai la force nécessaire afin de réaliser tous mes rêves. Je poursuis mes buts avec détermination.

87

Je suis déterminé à être heureux, quoi qu'il arrive.

88

Je me sens constamment en sécurité. J'évolue et je grandis dans la confiance, me sachant protégé et guidé.

89

Je suis ouvert aux changements qui se produisent dans ma vie. Je les accepte avec joie.

90

Je suis clair face à mes buts et mes objectifs. Ainsi, la vie répond clairement à mes attentes.

91

Je retrouve, intact en moi, cet enfant pur et innocent toujours prêt à profiter des plaisirs de la Vie.

92

J'accepte avec joie les offrandes de la Vie.

93

Je ne crains pas de sortir des sentiers battus. J'ai l'audace de manifester mon originalité.

94

À chaque instant, j'en profite pour manifester mon plein potentiel.

95

Je suis un être amoureux, aimé et comblé par ma relation amoureuse.

96

Ma capacité à vivre dans la joie et le plaisir s'accroît de jour en jour.

97

Je me comporte en personne enthousiaste et ainsi, je le deviens de plus en plus.

98

Mes buts se réalisent à une vitesse très grande. Je matérialise tous les désirs qui sont bons pour moi.

99

Je pardonne aux autres tout ce que j'ai à leur pardonner. Ainsi, je me libère de tout ressentiment et de tout ce qui nuit à mon bonheur.

100

Je suis en paix. Rien ni personne ne peut déstabiliser ce bonheur de vivre.

101

Je refuse de m'imposer des limites. Je suis un être capable des plus grandes réalisations. J'assume cette vérité à mon sujet.

102

Je suis un être aimant, je répands l'amour sur terre. Cet amour me revient multiplié.

103

Je suis un ami fantastique. J'attire à moi des gens qui me ressemblent.

104

Je suis heureux et plein d'espoir en la Vie. J'ai confiance.

105

Je refuse de m'appitoyer sur mon sort, je ne m'attarde qu'au bon côté des choses.

106

Je saisis au vol toutes les belles et grandes opportunités que l'existence m'offre régulièrement.

107

Je vis avec la conscience que chaque journée est précieuse. Je profite de chacune d'elles pleinement.

108

Je suis un créateur extraordinaire. Rien ne m'est impossible.

109

Puisque je travaille constamment à atteindre l'excellence, les gens qui m'entourent me félicitent et m'encouragent à manifester ce que j'ai de plus beau.

110

Je me sers de mon grand pouvoir d'imagination pour créer ma vie telle que je la désire.

111

Je reçois de belles et grandes surprises sur le plan financier. Je suis comblé.

112

L'amour divin inonde ma conscience de santé et chacune des cellules de mon corps de lumière. Je suis extraordinaire.

113

Je suis un être libre. Je manifeste ma liberté d'être, de penser et de m'exprimer.

114

Je suis un être unique. Je ne crains pas d'exprimer ma différence.

115

Je suis à l'écoute de ma voix intérieure. Je suis mon intuition.

116

J'ai confiance en moi et en mes capacités de vivre une existence satisfaisante à tous les niveaux.

117

Je m'exprime clairement et avec amour. Je suis compris et respecté dans mes demandes.

118

Je prends soin de moi, me cajole et me fais plaisir de différentes façons. Je mérite ce qu'il y a de mieux.

119

Je suis un être extrêmement puissant. Je reconnais ma puissance et l'utilise sagement.

120

*Où que j'aille, quoi que je fasse,
je me sens toujours en sécurité.*

121

*La crainte de manquer d'argent
disparaît de mon existence à
jamais. Je sais profondément
que la vie pourvoit à tous mes
besoins.*

122

*Puisque je suis responsable de
ma vie, je me crée une existence
rêvée, telle que je la souhaite.*

123

Mon temps est précieux. Je suis donc efficace en toutes choses.

124

J'entame chaque journée de ma vie dans la joie, la bonne humeur et la gaieté.

125

Tout ce qui se produit dans ma vie me permet d'évoluer vers un avenir meilleur.

126

L'argent coule à flots dans ma vie, je suis richesse et abondance.

127

Je consens à exprimer les talents et les compétences dont la vie m'a fait cadeau.

128

J'ai le pouvoir de changer les choses. Ma vie s'améliore de jour en jour.

129

Comme je suis un être extraordinaire, je me permets d'exprimer ce que je suis.

130

Je suis naturel et authentique à chaque instant de ma vie.

131

Je consens à n'exprimer que le meilleur de moi-même.

132

*Par le pouvoir de mes pensées,
de mon attitude et de mes
actions, ma vie s'améliore de
jour en jour.*

133

*Je suis dans une forme mentale
et spirituelle merveilleuse. Je
suis disposé à passer chaque
jour de ma vie dans l'amour et
la joie.*

134

*Je refuse de croire à la maladie.
Je suis resplendissant de santé.*

135

Je suis la joie de vivre. Quelles que soient les circonstances, rien ne peut affecter mon enthousiasme et mon bonheur.

136

Je suis constamment en contact avec mon intuition et la suis avec confiance.

137

Je m'autorise à éprouver mes sentiments. Ainsi, j'augmente l'amour et l'estime que j'ai pour moi.

138

Je m'abandonne à la Vie avec confiance car je me sais divinement guidé à chaque instant et en toutes circonstances.

139

Je prends, en tout temps, de bonnes et sages décisions. Je suis inspiré.

140

La vie me protège constamment et d'une manière parfaite de tous les dangers.

141

Je réalise mon plan de vie dans la facilité.

142

J'apprécie toutes les relations que je développe. Elles sont harmonieuses et je peux m'appuyer sur elles.

143

J'aime mon corps et le respecte pour tous les services qu'il me rend quotidiennement.

144

Je suis divinement protégé. Je ne me laisse toucher que par les énergies positives, constructives et évolutives.

145

Je refuse de me pencher sur hier avec nostalgie. Je regarde en avant, plein d'espoir et de confiance.

146

Je mène ma vie de main de maître et crée chaque jour une œuvre sublime.

147

Je crée, à chaque instant, de plus en plus d'abondance dans mon existence. Je suis reconnaissant à la Vie pour ses bienfaits.

148

Chaque jour, j'alimente mes buts par mes pensées et mes actions. Je suis exaucé.

149

Je connais la santé parfaite dans mon corps et dans mon esprit.

150

Chaque instant de ma vie se déroule dans le plaisir. Je m'amuse et incarne la joie de vivre.

151

J'ai confiance en la Vie qui me soutient à tout moment. Je sais que chaque événement de mon existence est approprié.

152

Je m'exprime clairement, avec amour et compassion. Les gens s'expriment ainsi envers moi.

153

Je choisis l'excellence à chaque instant. Je performe et obtiens de merveilleux résultats.

154

Je refuse de vivre dans un monde compétitif. Je me sens solidaire des autres individus, dans un monde où tout le monde est gagnant.

155

Je choisis de vivre chaque instant de ma vie dans l'amour et la joie.

156

Par une attitude intérieure adéquate, j'obtiens la réalisation de mes plus chers désirs.

157

Je fais confiance à la Vie et me laisse porter par elle. Je suis guidé, je fais ce que j'ai à faire.

158

En demeurant en contact avec ma puissance, je crée de merveilleuses opportunités de croissance.

159

Je suis aimé et respecté pour ce que je suis, ce que je dis et ce que je pense.

160

Je mérite d'être aimé, je suis un être unique et fantastique.

161

Je reconnais ma puissance et ainsi, me crée un avenir tel que je le souhaite.

162

J'ai les moyens de m'offrir tout ce que je désire. Je me fais plaisir et me comble sans culpabilité.

163

Je suis un être libre de toute culpabilité, de tout ressentiment et de tout sentiment négatif.

164

Je lâche prise et m'abandonne avec confiance à la sagesse de l'Univers.

165

Je suis une expression divine et magnifique de la Vie. Je me réjouis de tout ce que je suis, je m'apprécie.

166

Mes pouvoirs sont sans limites. Je manifeste tous mes désirs.

167

Je dis non à l'échec. J'accepte dès à présent le succès qui se manifeste dans mon existence.

168

Je profite de ce que la Vie a de mieux à offrir. Je suis un être comblé à tous les niveaux.

169

Je ressens l'appel de la Vie. Je dis oui à l'existence, à ses beautés, à ses cadeaux.

170

La qualité de mon travail me fait remarquer dans ma sphère d'activités. Je suis aimé et reconnu pour mes talents.

171

Je m'engage à être mon meilleur ami, maintenant et toujours.

172

Je suis sage dans toutes mes décisions. Je suis sage dans toutes mes actions.

173

À chaque instant de la vie, je choisis le bonheur.

174

Mon corps est ma création. J'en prends bien soin, ainsi il demeure beau, fiable et vigoureux.

175

Je refuse de jouer médiocre. J'utilise, en permanence, tous mes talents et mon plein potentiel.

176

Je me respecte et respecte les autres. En retour, je suis aimé et respecté.

177

*Mes possessions matérielles
sont fabuleuses et vont en
s'accroissant de jour en jour.*

178

*J'ai des buts précis, je sais ce
que je veux. J'atteins mes
objectifs de vie.*

179

*Je suis reconnaissante à la Vie
pour tous les cadeaux qui me
sont si généreusement donnés.
Ainsi, j'en reçois encore et
toujours plus.*

180

Chaque jour, je prends le temps de me complimenter et de reconnaître ma beauté et mon unicité.

181

Je m'élance dans le courant de la Vie avec foi et confiance car je me sais divinement protégé.

182

J'exprime, à chaque instant de ma vie, ce que j'ai de plus beau. Je suis un être extraordinaire.

183

À tous les points de vue, je connais le succès. Je suis un être chanceux et comblé.

184

Je suis l'énergie, la vie, la vitalité, le dynamisme et la parfaite expression de la santé.

185

Je goûte, sans culpabilité, les plaisirs de la Vie et le bonheur permanent.

186

C'est avec confiance que je m'ouvre à l'amour. J'en donne et j'en reçois, sans peur et sans retenue.

187

Sur les plans affectif et émotif, je suis un être comblé.

188

Je possède la paix de l'esprit, rien ne peut me troubler.

189

Je suis libre de toute peur, de toute culpabilité, de tout sentiment négatif. Je suis un être de lumière.

190

Puisque l'Univers ne supporte aucun vide, je ne crains pas de laisser aller tout ce qui n'est plus bon pour moi. Je sais que le bien se manifeste en permanence.

191

À tous les niveaux de mon existence, je connais le succès, l'abondance et la réussite.

192

J'incarne le bonheur à tout instant. Je pense et j'agis en personne heureuse, comblée par la Vie.

193

Je refuse de saboter les autres ou de me laisser saboter. Je soutiens les gens et je suis soutenu.

194

*Je suis apprécié pour mes
nombreux talents, je suis
respecté pour ce que je suis.*

195

*À chaque instant, je choisis
d'incarner l'amour, la
compassion, l'harmonie et la
paix.*

196

*J'exprime tous mes talents.
J'atteins la réussite en me
permettant d'être ce que je suis.*

197

Je suis un être rempli de sagesse. Je pose toujours les meilleures actions et pour moi et pour les autres. Je me dirige chaque jour vers le plus grand bien.

198

Mon corps est beau, svelte, robuste et ferme. J'en prends grand soin.

199

*C'est avec confiance que je me
concentre sur mes objectifs et
que j'assiste, heureux, à leur
réalisation.*

200

*De grandes sommes d'argent
viennent rapidement vers moi.
Je suis en contact avec la
générosité de l'Univers à mon
égard.*

201

Je fais l'expérience de l'amour et de la paix à chaque instant de ma vie.

202

Je planifie ma vie comme un long voyage, agréable et paisible.

203

Je fais confiance à mon énergie. J'écoute les signaux de mon corps.

204

Parce que j'ai confiance en moi, les gens me font de plus en plus confiance.

205

J'avance dans la vie avec foi car je sais que je suis encouragé à réaliser tous les désirs de mon cœur. Je suis un être sans limites.

206

Je suis de plus en plus chanceux. Je découvre dès à présent la chance pure dans ma vie.

207

J'avance, avec confiance, sur la route qui me conduit au succès et au bonheur.

208

Je suis le maître de mon destin. Je choisis d'accomplir des choses merveilleuses. Rien ni personne ne peut m'arrêter.

209

J'utilise ma puissance pour mon bien et pour celui des autres.

210

Je suis conscient que je suis une personne précieuse, importante et que j'ai beaucoup à apporter au monde.

211

Le succès se manifeste dans ma vie dès à présent. Je suis reconnaissant.

212

Je maîtrise autant mes pensées que mes émotions. Je suis maître de moi-même.

213

Je prends dans le monde la place qui me revient de droit divin et ce, sans culpabilité.

214

Je choisis de ne voir que le bon côté des choses. Je suis optimiste.

215

La vie me donne en permanence tout ce dont j'ai besoin. Je n'ai nul besoin de m'inquiéter.

216

Puisque mon bonheur ne dépend pas des autres, je ne crains pas d'aimer. Je sais que l'amour est constant.

217

Je me jette avec confiance et abandon dans le courant de la Vie. Je me sais enfant de l'Univers, constamment guidé et protégé.

218

Je planifie ma journée dans l'amour et ainsi, je bâtis une vie merveilleuse, au jour le jour.

219

Ma vie est précieuse. Je la respecte pour ce qu'elle est, je la goûte à chaque instant.

220

Dès à présent, par une attitude intérieure adéquate, je me prépare à un bel et grand avenir.

221

J'ai le cœur joyeux, ma bonne humeur est contagieuse. Je suis fier de l'être que je suis, je m'aime.

222

Je refuse catégoriquement de me laisser arrêter par qui que ce soit ou par quoi que ce soit. Rien ni personne ne peut freiner mon élan vers le succès.

223

Je dirige mon énergie vers des buts qui m'enthousiasment. Ma volonté est ferme, grande, inflexible dans la poursuite de mes objectifs.

224

Chaque jour, je deviens un être de plus en plus formidable et extraordinaire et ce, à tous les points de vue. Je suis fier de ce que je suis.

225

Le passé n'existe plus. Je crée dès à présent un présent et un avenir tels que je les souhaite.

Notes personnelles:

Notes personnelles: